LE GRAND BALET
OV LE
BRANSLE DE SORTIE

Dancé sur le Theatre de la France par le Cardinal Mazarin, & par toute la suitte des Cardinalistes & Mazaristes.

De l'Impression de Basle, en la Boutique de Maistre Personne, à la ruë par tout, à l'enseigne de la Verité toute nuë en Hiuer.

GRAND BALLET

OU LE

DERNIER DE SORTIE

Exécuté au Théâtre de la France
par Mlle et M. Mazarin, & par
M. et Mme. Gourdoulis &
leur troupe.

DESCRIPTION DE LA SALLE ET
du Theatre.

POur rendre ce bransle de sortie plus agreable & plus plaisant, l'on a renouuelé icy l'ancienne mode des Comedies, où l'on introduisoit vn certain personnage ridicule, qui railloit sur toutes sortes de rencontres, & disoit quelquesfois de bonnes choses, & qu'il estoit expedient que tout le monde sceut, & personne ne s'en pouuoit fascher, sans passer pour vn esprit malfait, & mesme pour en oster l'occasiō ils auoit feint que c'estoit vne diuinité qu'ils appelloient le Dieu Momus; Diuertissement qu'ils ont adiousté icy à toute la piece, afin de n'offencer personne, & que si quelqu'vn n'a pas enuie de rire dans cette risée publique qu'il s'en prenne à Momus qui dit toutes les veritez qui sçait & qui ne sçait pas; c'est donc Momus qui parle tandis que les autres dancent.

Le lieu où ce bransle de sortie se dance est iuste & carré, aussi large qu'il est long, & aussi long qu'il est large, sa longueur est depuis Paris où le bransle commence iusqu'au Havre, & sa largeur iusqu'à Sedan, où il finit en sortant du Royaume.

Le Theatre est tout nud, mais le plus beau paysage du monde qui s'estend par vne partie de l'Isle de France, de la Normandie & de la Picardie, & il aura autant de faces differentes & toutes rauissantes, comme il aura d'entrées & de sorties, qui toutes s'aboutissent à vne, qui finit & acheue ce grand Balet, ou bien ce Brasle de sortie.

Pour les habits des Acteurs n'y prenez pas garde de si pres, plusieurs n'ont pas eu loisir de leuer des estoffes, d'autres de les faire tailler, & d'autres de les coudre, tous ont esté accommodez par deux Tailleurs logez à la commodité & à l'occasion, ils sont pourtant chargez de quantité d'or & d'argent, & d'vn

A ij

grand nombre de pierreries, & tous ont mis la plume au vent, auec des cordons à la mode; & si les Marchands qui leur ont fourny leur or y ont bien gagné, car ils ont pris des Louys à dix liures quinze sols & à vnze francs, & la plufpart fe font fournis à la ruë Bethysi chez vn bon gros homme qui n'y perdra rien.

Pour les pierreries, l'on dit que ce font des plus belles & des plus riches du cabinet, & qu'il y en a pour vne fomme immenfe, i'ay peur que la viftefse de leur cadence & de leurs pas n'empefche que vous n'en puiffiez defcouurir tout l'efclat, admirer le luftre & prifer la richeffe.

Sçachez pourtant en vn mot qu'il n'y a iamais eu en France de magnificence de Caroufel, de Comedie, de Machines, de Theatres fuperbes, de balets fomptueux, de bals, d'affemblées de mafcarades, de courfes de bagues & de dances qui ayent iamais tant coufté & qui ait tant confommé, mangé & emporté d'or & d'argent qu'a fait ce branle de fortie, fans conter les violons ny les feux de ioye & les feftins qui fe font faits en fuite, & fans comprendre le gain des valets de la fefte. Iugez fi cette fortie ne doit pas eftre bien celebre, bien riche & bien fomptueufe.

Pour les places des Spectateurs elles font libres, il ne faut point d'argent pour les retenir ny de laquais pour les garder, & fi il y en a pour tous ceux qui auront de la curiofité, fans crainte de s'y ennuyer à caufe de la grande diuerfité des faces du Theatre, des entrees & des perfonnages, & fes entrées étant toufiours diuerfifiées & meflées de ferieufes & de plaifantes, pour ne pas dire de ridicules & d'importantes.

Sur la platebande du frontifpice de la porte, il y a ces vers efcris en groffes lettres, afin que perfonne n'en pretende caufe d'ignorance & ne s'en formalife mal à propos.

Si tous ne vont à la cadence,
C'est qu'ils font vn peu trop preffez,
Et que pour eftre trop haftez
Ils veulent faire diligence:
Mais que perfonne ne s'offence,

Si

Si l'on dit vray ou si l'on ment,
Tout est de Caresme prenant
Sur ce Theatre de la France.

L'on va commencer, i'entends desia les violons & toute la compagnie attend il y a long-temps sans mentir le commencement de ce branle de sortie.

La premiere Fac.

LE Theatre qui paroissoit tout nud sans aucun appareil, & par cette nudité faisoit croire aux spectateurs qu'il n'y auroit pas grandes decorations ny embelissemens pour divertir la veuë, trompe la compagnie & s'entr'ouurants de toutes parts, l'on vit paroistre les Champs Elisées auec toutes les beautez d'vn iardin de plaisance, & telles que nous depeignent ceux qui ont escrit les rares merueilles de ces lieux où sont logées les ames des morts qui ont quitté le sejour du monde & de cette vie. Il est vray que comme le bruit couroit que cela deuoit commencer par les ombres des morts qui en deuoient faire la premiere entrée, l'on croyoit voir ouurir la terre & paroistre les Enfers auec toutes leurs horreurs & leurs formes hideuses: mais dans ce balet il n'y a point de coupables, tous sont gens de bien, Dieu me pardonne si ie ments; ainsi ces ombres que vous allez voir ne sont pas criminelles & par consequent ne paroissent point parmy les supplices des Enfers, mais parmy les delices des Champs Elisées: Et au lieu de spectres, de figures hideuses & de monstres, l'on ne voit que des arbres chargez de toutes sortes de fruicts inconnus au goust des viuans, & au lieu de fumées noires, espaisses, infectes, puantes & importunes, comme il en exale des Enfers, l'on vit sortir vne fumée douce & agreable de toutes sortes d'odeurs & d'vne confection aromatique meslangée de tous les parfums qu'on nous apporte d'Italie, & de delà les monts & les mers. Cette premiere fumée odoriferante resiouyt toute l'assemblée, aussi faut-il que ie vous aduouë que elle estoit composée de personnes qui ont de tres-bons nez, il y en auoit quantité de gros & grans vilains qui fleuroient de bien loing, & de petits chiens de nez qui iugent bien de la difference des vents, chacun en estoit satisfait, & il n'y eut pas mesme iusqu'au nez camus du Gazetier qui met son nez par tout qui ne s'estendit & n'esleuast ses narines pour fleurer ces parfums de l'autre monde capables d'embausmer l'air le plus infecté & de contenter les nez les plus difficiles en senteurs.

La premiere Entrée.

CEtte fumee estant dissipee & humee auidemēt & agreablément par tous les nez de l'assemblee, l'on vit parestre des arbres qui formoient vn grand rond & vne place vuide au milieu, presque comme celle de l'Echo du Iardin des Thuilleries, & alors l'on vit saillir tout d'vn coup deux ombres sans auoir veu d'où elles venoient: mais sans doute elles sortoient de dessous le Theatre à l'improuiste comme elles y rentrerent de mesme apres auoir accomply leur personnage.

La premiere, estoit l'ombre du Sauoyart, aueugle, fameux chantre du Pont-neuf, lequel estant mort il y a quelque mois, auoit porté des nouuelles à l'autre monde, & chanté de ses beaux airs de sa Cour, & de son Empire sous le cheual de Brōze, & sur tout des nouueaux faits en l'honneur & à la louange de Mazarin, tant de sa façon que de celle des plus habiles Musiciens du temps.

Et comme ces airs & sa belle voix auoit fort diuerty ces ombres des champs Elisees, celle d'vn illustre Vielleux de Poictou, petit neueu de Tibogaro & qui en portoit le nom, les voulut mettre sur sa vieille, & de fait y auoit si bien reüssy, que du depuis ces deux ombres ont tousiours esté inseparables.

Donc les deux ombres du Sauoyart & de Tibogaro Vielleux font le recit, l'vn chante & l'autre accorde son agreable & melodieux instrument, & sur le sujet du Temps fort à propos, le Sauoyart entonna cét air que la plufpart des honneftes gens n'ont pas encore oublié.

Ne penfez pas, Meffieurs, *que ie vous die*
En quel eftat la Fronde l'a reduit,
Sa retraitte fera fi peu de bruit
Que vous fçaurez fa cheute auant fa maladie,
Nous qui fommes remplis d'efprit de Prophetie,
Pouuons bien affeurer à ce grand Cardinal
Que parmy les François fon cas va fi fort mal
Qu'il luy faudra dancer vn branle de fortie.

Tandis que leur chant & leur harmonie rauiffoit les oreilles de l'audiance, vous ne croyriez combien la bonne compagnie eftoit fatisfaite d'entendre & de voir encore vne fois le pauure Sauoyart, tant Momus en difoit de loüanges, & cóme il auoit toufiours mieux aymé dire vne chanfon qu'vne antienne & vn bon verre à peine de le caffer, que le petit baffin de cuiure des quinze-vingts, & de hanter les freres de la Iubilation, que de la mort chaffez de Roüen il y a vingt ans; les autres s'arreftoiét à contempler leurs grands crefpes blancs tous parfemez, l'vn de notes de mufiques, l'autre de diuers inftrumens & de tuyaux d'orgues.

Ainfi tous deux s'efuanouïrent comme ils auoient paru lors qu'on y penfoit le moins, & lorsqu'on attendoit quelque autre air ou chanfon diuertiffante fur le fuiet de la fefte.

※※※※※※※※※※※※※※※※※※※※※※※※※※

La feconde Face & la feconde Entree.

SAns fortir des champs Elifees, ce rang d'arbres où parurent les Muficiens s'efuanoüit, & l'on vit vne grande & longue prairie bordee des deux coftez de fort grands arbres, & quoy qu'elle fuft à perte de veuë, l'on defcouuroit dans le rond vne affemblee des ombres de morts comme s'ils euffent tenu confeil, de fait il y auoit toufiours eu plainte contre Mazarin depuis l'arriuee des deux Gentils-hommes qui furent pendus ne vous déplaise, l'vn à Bourg, l'autre à Bordeaux à leur grand regret & grand déplaisir de leurs familles, l'vn & l'autre demandant tousiours iustice, & l'affaire auoit tenu l'assemblee en balance & irresoluë iusqu'à l'arriuee du Comte d'Auaux, qui rapporta tant de particularitez sur cette affaire & dit tant de choses pour & contre ayant tousiours luy mesme chancelé sur ce poinct, que l'on fust d'auis d'enuoyer querir vn grand President qui estoit son frere, & qui prirent comme bon Iuge & fort intelligent pour demesler ces difficultez. Le Courier fust depesché aux frais des pendus & des parties qui demandoient Iustice, il ne fut qu'vn Caresme à aller & à venir, & amena l'ombre du President de Mesme dans quarente iours à l'assemblée qui estoit composée des ombres du Cardinal de Richelieu, du Cardinal de la Valette & de Sourdis Archeuesque de Bourdeaux pour le Clergé, du bon vieil Duc d'Espernon, du Mareschal Deffiar, du Comte de Tournon pour la Noblesse, & pour le tiers Estat du Sur-Intendant Bullion, du President le Iay & de Thou, tous bonnes testes, comme vous sçauez & bien affectionnez au bien du public, en ayant pris tant qu'ils ont peu, tous se resiouyrent de l'arriuée de ce tesmoing irreprochable, mais comme cette assemblée ne deuoit pas iuger le different diffinitiuement & qu'il en falloit rapporter les aduis & les resolutions au Conseil d'en haut & aux Heros demy-Dieux que vous verrez cy-apres, l'on dit seulement aux pendus que l'on leur feroit Iustice & qu'on satisferoit toute l'assemblée. Sur cette premiere esperance de resiouyssance l'on vit se separer de la troupe & approcher de plus pres sur le bort du Theatre les ombres

   de Richon   & Canole,
   de Chastillon,   Clanleu,
   de la Vallette   & autres Frondeurs,
Ayans tous l'espée à la main & le bouclier en l'autre où leurs armes estoient despeintes, ce qui les faisoit recognoistre: leur dance, estoit vn perpetuel combat, se portans des coups à la cadence, iusqu'à ce que lassez de soustenir deux partis differens, entendant vne voix ils ietterent leurs armes par terre, &
                         s'embrasserent

s'embrasserent en dançant & dançoient ensemble en retraitte apresle recit de cette voix qui chantoit.

Enfin c'est trop combattu
Ce phantosme est abbatu,
Il faut mettre bas les armes
Au pied de nos belles Dames.

Nos ombres n'estant que fumées
Toutes exemptes du trespas
Ne cherchent plus d'estre estimées
Pour la victoire des combats.

Nostre gloire est desia semée
Si bien qu'elle ne mourra pas,
Et nous ne faisons plus de cas
Des bouches de la renommée.

C'est trop nous amuser à tant de broüilleries,
Mazarin va dancer le branle de sortie.

La troisiesme Face & la troisiesme Entrée.

SVr le milieu de cette prairie paroist vne belle roüe qui tourne tousiours, & l'on voit dessus vne Deesse qui tient vn globe & vn estendart qui voltige à toute sorte de vent, c'est sans doute la Deesse fortune.

Aussi tost l'on vit paroistre quatre ombres qui dançoient, & taschoient d'arrester cette roüe, qui tournant tousiours les emportoit tantost seuls & tantost tous ensemble.

La premiere estoit celle du pere de Mazarin, la seconde de son frere Cardinal d'Aix, la troisiesme de Magalotty, la quatriesme de l'Abbé Mondain.

POVR LE PREMIER.

J'estois vn bourgeois Romain
Fort empesché de ma personne,
Tout prest à tendre la main
A celuy qui plus me donne:
Mais la force des Loups
Ma tiré de la misere,
Et fait enfin que ie vis
Et que mon fils soit mon pere.

POVR LE SECOND.

Si tu n'as rien fait pour moy,
Trop inconstante fortune,
Pour luy donc arreste toy,
Ton mouuement m'importune,
Toy qui l'as monté si haut,
Ne luy sois pas ennemie,
Fais qu'il ne dance si tost
Ce grand branle de sortie.

POVR LE TROISIESME.

Quoy pour estre Italien
Faut qu'vne rouge callotte
Sur vn Chef Sicilien
Me fasse assieger la Moite
I'allois estre Mareschal,
Mais c'est toy qui nous ballotte
Qui m'a fait choir de cheual
Me iouant comme vne plote.

POVR LE QVATRIESME.

Et moy pauure Pantalon
Il me fit vestir de long

Pour entrer auec les Dames
Et gagner leurs belles ames,
L'on m'ouuroit mesme à minuit
Faisant le coffre de nuit
De la Reyne de Poulogne,
Ou du train pour Catalogne.
Ie deuins marchand meslé,
Mais ayant bien enfilé
Mon filet se vint à fendre
Et mon corps à se respendre.
Maintenant ô Mazarin
Croyez en l'Abbé Mondain,
Et sans plus qu'on vous le die
Dansez le branle de sortie

La quatriesme Face & la quatriesme Entrée.

VN grand nuage vint couurir toute cette prairie, & l'on vit dans vn lieu plein de clartez rauissantes l'assemblée des demi-Dieux parmy lesquels on recognut à son Sceptre & sa Couronne l'ombre de Louys le Iuste d'heureuse memoire; mais on y remarqua particulierement les ombres de feu le Prince de Condé & de Madame la Princesse arriuée depuis peu, & laquelle auoit parlé si librement de la conduitte de Mazarin, qu'elle auoit fait resoudre les demy-Dieux à consentir à la liberté des Princes & à la sortie de Mazarin, & en signe de resiouyssance l'on vit dancer six petits Cupidons tous nuds, deux rompans des fers, deux portans des clefs & deux tenans des foüets de postillon, sans doute pour haster les sorties.

La France a rompu ses fers,
De Bar ouure ses Enfers,
Nous allons reuoir nos Princes
S'esgayer dans nos Prouinces.

Peuples voicy les clefs de voſtre liberté,
La diſcorde s'en va bien toſt eſtre bannie,
Et le Ciel contre vous n'eſtant plus irrité
Mazarin va dancer le branle de ſortie.

La cinquieſme Face & la cinquieſme Entrée.

LEs Champs Eliſées eſtant diſparus, l'on vit le Palais & les grandes Eſcuries du Mazarin, d'où ſortirent des cheuaux conduits par des Palefreniers, qui les ayant attachez les penſoient, frottoient & eſtrilloient à la cadence, & chantoient vne chanſon à leur mode qui finiſſoit touſiours par ce refrain.

Adieu Paris, adieu belle & longue Eſcurie,
Il faut enfin dancer le branle de ſortie.

La ſixieſme Face & la ſixieſme Entrée.

LA ſixieſme face eſtoit la veuë du Pont neuf & du Cheual de bronze, & l'Entrée eſtoit d'vn Eſcuyer de Mazarin & deux petits Polonois qui menoient le Dromadaire de Mazarin & vn Gaſcon qui l'acheptoit, & apres le mettoit au bout du Pont neuf pour le faire voir, en expoſant ſa figure pour attirer l'argent des curieux, auec vn gros eſcriteau, il faiſoit argent de tout ſelon le commandement de ſon pere Fato de nari le tout à la cadence, & en chantant

Adieu pauure eſtranger, adieu la Ionglerie,
Il faut enfin danſer le branle de ſortie.

La ſeptieſme Face & la ſeptieſme Entrée.

LA ſeptieſme Face eſtoit la ruë S. Honoré, où la perſpectiue faiſoit voir les quinze vingts & la boucherie, l'Entrée eſtoit de ſix boueux auec leurs peſles & balets qui nettoyoient les rues & oſtoient les bouës pour preparer le chemin de ſa ſortie.

Durant

Durant ce divertissement Momus dit de bonnes choses sur les bouës, que les Bourgeois de Paris donnoient de bel & bon argent pour oster les bouës, & n'auoient pas l'esprit de se faire seruir, & qu'ils estoient si lasches que de voir engraisser des coquins de leurs deniers, au lieu que dans chaque quartier chacun deuroit en auoir le soin, que ce party estoit si bon qu'vn des Chefs de Iustice l'auoit pris & y auoit tant gagné, qu'il en auoit remporté la haine du peuple, aussi bien que celle des honnestes gens, tout cela fut dit sur ce qui fut rapporté qu'il auoit autrefois fait ballier les rués de Paris au retour du Cardinal de Richelieu, quand il eut fait decapiter S. Mars & de Thou & qu'il reuint dans sa machine portatiue, & qu'il étoit bien plus raisonnable de les balier pour faire sortir le Cardinal Mazarin son digne successeur; la chanson n'y manquoit pas qui finissoit tousiours ainsi.

Faisons nostre paué plus beau que marqueterie,
Mazarin va dancer le branle de sortie.

La huictiesme face & la huictiesme Entrée.

PAroissoit vn Palais deuant le iardin des Tuilleries où l'on voyoit vne Déesse qui tendoit les bras à des Roys & des Empereurs, & qui estoit suiuie d'vne fort belle Cour toute en resiouyssance auec vne bande de petits violons de nouuelle impression, mais pourtant qui iouoient à merueille les airs du temps & triolets faits en l'honneur du Mazarin.

L'Entrée fut de douze Seigneurs parmy lesquels estoit le seigneur Iule, qui tous paroissoient & dançoient fort empeschez de leur contenance & de leur personne, comme s'ils eussent esté surpris ou tout estourdis de quelque accident, ou bien enfin pour mieux exprimer leur posture, comme des gens qui ont enuie d'aller à l'estrade, parole ne put point, & qui tiennent leur haut de chausse, ne sçachans où se mettre pour se descharger ainsi courans çà & là, comme gens qui auoient mal au ventre tous en cadance, quant vn d'eux qui n'estoit pas loin de l'estrade fut arresté par les gardes du Palais dont tous

D

auons parlé, fort indignes de ce procedé, de telle façon que les autres ne trouuans plus d'estrades, ny de lieux communs, publics ou particuliers fort assurez, sortirent hors de la ville de Paris, tandis que les gardes de ce Palais chantoient.

Peuples ne pensez plus à la mutinerie,
Mazarin a dancé le branle de sortie.

La neufuiesme face & la neufuiesme entrée.

LA face de l'Hostel de Ville de Paris & la place de Greue où les Bourgeois tesmoignoient leur ioye sur la nouuelle de la sortie du Mazarin hors de Paris; Douze des plus lestes & des meilleurs danseurs de Paris firent vn ballet de postures toutes nouuelles & toutes diuertissantes auec l'air.

Peuples beuuons du vin, beuuons iusques à la lie
Mazarin a dancé le branle de sortie.

La dixiesme face & la dixiesme entrée.

LA face d'vne cuisine en déroute & de marmites renuersées: balet des marmitons, vestus aussi blanchement & grassement que de coustume, à la mode des volontaires suiuant les cuisines de la Cour, portans tous vn instrument de leur office, broches, poisles, chaudrons & telles vstancilles, fuyans plustost, comme s'ils desroboient & pilloient la cuisine de Mazarin. L'air estoit ainsi

Nos iours gras vont finir auant que commencer,
Adieu potage gras, graillons, boudinerie,
Adieu bons reliquats, Mazarin va dancer
A nostre grand malheur le branle de sortie.

La vnziesme face & la vnziesme Entrée.

LA face estoit le vieux Palais de S. Germain en Laye auec toutes ses arcades & embellissemens.
La dance estoit de Seigneurs qui demandoient d'entrer,

mais vn Capitaine & des soldats en sortent, & en dançant les chassoient si bien, qu'en retraitte ils entrerent dans le lion d'or.

Icy ne sert de rien toute l'enchanterie
Mazarin faut danser le branle de sortie.

La douziesme face & la douziesme Entrée.

LA face estoit la place de S. Germain où est le lion d'or, ce lion ne fut point sans lionne, qui parut auec ses pantalons que l'on cogneut à leurs escritoires & plumes à l'oreille estre Secretaires, dõt l'on disoit que quelques vns l'auoient esté de S. Innocent, ils n'en sont pas plus habilles pour cela : leur dance fut en forme de lettres escriuans Mazarin, mais enfin les lettres & le nom se treuuerent esuanouyes.

Mettez la plume aux pieds & non plus en nos mains
Mazarin tout nostre art n'est que badinerie
Vous allez deuenir le toüet des humains,
Quand vous aurez dansé le branle de sortie

La treiziesme face & la treiziesme Entrée.

LA treiziesme face estoit le Chasteau neuf de S. Germain en Laye, où tandis que Mazarin & ses Mazaristes se reposent, viennent des Telliers ou Marchands de toille à vendre, laquelle ils desployent en dançant, mais l'vn en auoit de trop fine & n'est plus d'vsage en ce temps qui fait froid, les autres n'estoient pas assez fortes pour tendre dans les forests & pour attraper les bestes qu'on recherche, ainsi les Telliers vont vendre leur marchandise ailleurs.

Telliers vous tendez tres-mal
De la toille au Cardinal
Au lieu de tapisserie,
Sinon que vous sçauez bien
Qu'il va dancer dans demain
Le grand branle de sortie.

La quatorziesme face & la quatorziesme Entrée.

LA face est la forest de S. Germain, la dance est des chasseurs auec leurs carquois & leurs flesches. Plusieurs bestes paroissoient, mesme quelques renards, mais on se rit de leurs ruses & on ne les suit pas, car vn cerf vient qui donna du plaisir & de l'entretien aux chasseurs & à la compagnie & les plus habiles chasseurs dirent qu'il auoit couru les forests d'Allemagne auec souplesse & passé dans les prairies d'Hollande auec addresse, & quoy qu'il eust perdu vn œil à la bataille il estoit encore plus clair voyant que ceux qui en ont deux, ainsi ayant donné vn destour au Mazarin il laissa les chasseurs battre aux champs, tandis qu'il estoit en asseurance : mais ces chasseurs auec leurs arcs & flesches furent chassez par d'autres chasseurs auec des frondes qui les firent sortir de la forest de S. Germain.

L'air fut treuué si beau qu'il est chanté dans toutes les bonnes compagnies de Paris par les plus honnestes gens, n'en déplaise à Messieurs dont ie renuerseray les noms, de peur qu'ils ne renuersent la ceruele d'vn Imprimeur qui ne tasche qu'à diuertir les melancoliques sans faire mal à personne : car vrayement icy touts s'en va en raillerie, mais en riant vous m'entendez bien.

O qu'il y fait bon la chasse sera belle,
S'enua la, s'enua la, s'enua la, long cou
Chou, chou, chou, chou, chaumont bois
La va la, va la va, bong bary
Viuoro à cot a cot a xelle bru.
Il est sur les fins faut que la beste creue,
Tayaut, tayaut a monuert,
Y va, y va, rond neuf
S'eßeuant, il va, il va non py
Ouruary, ouruary contron
Tiraly, tiraly, tiraly, leue bois.

La

La quinziésme face & la quinziésme Entrée.

LA quinziesme face estoit vne riuiere auec vne barque & vn vieux Caron pour passer nos chasseurs qui n'ayans pas pris ce qu'ils esperoient laisserent la forest de S. Germain pour courir la Normandie.

Ces basteliers s'amusoient à dancer sur le bord de l'eau tandis que les Mazarinistes tempestoient sur l'autre bord, criant pour auoir la barque & pour passer promptement, craignans que la chasse qu'on leur auoit donnée ne fut pas encore finie, & qu'on les poursuiuist en queuë.

Donc ces bateliers leur dance estant finie furent passer ces Messieurs qui ne connoissoient point, mais ils trembloient si fort de peur qu'ils faisoient vne continuelle dance dans le bateau, dans lequel tous n'ayans pu entrer, les autres se ietterent en l'eau pour suiure, tant ils brusloient d'ambition par le froid le plus serré de l'année, ce qui donna vn agreable diuertissement à toute la compagnie de voir ces partisans de la fortune Mazarinique à vau l'eau voguer pour humer le vent, & sortir, delà moüillez comme des barbets courans apres des canes qui se plongent dans l'eau, vont parestre dans vn autre costé & se mocquent de ces pauures bestes, toutesfois là là là, tout n'ont pas humé du vent seulement, il y en a bien qui ont fait leur chasse & qui ont attrappé de bons lopins de la beste qui couroit les champs, quelques-vns en courans sans se laisser tomber ont eu la teste fenduë, d'autres sans dessein de crosser en hyuer ont pris des crosses, d'autres des bastons, d'autres de l'or & de l'argent, ainsi tous n'ont pas perdu leurs peines.

Air des bateliers.

Vieux Caron Nautonnier infernal
Donne passage à ce Cardinal.
Et ne crains point sa supercherie
Il dance le branle de sortie.

E

La seiziesme face & la seiziesme Entrée.

TAndis qu'ils sont sur l'eau voici venir le ieune Icare auec vn petit Italien compagnon de sa fortune.

Icare auoit ses aisles rompuës pour auoir voulu voler trop haut & l'autre ses desseins renuersez, la Face du Theatre estoit comme vne vaste mer image du changement & inconstance des choses du monde, & la dance estoit de ses deux petits badins, i'ay voulu dire baladins, veritables figures des temeraires audacieux & de ceux qui ne se connoissent pas eux mesmes. Leurs pas estoient fort agreables, chacun prenant plaisir à voir tresbucher l'ambitieux Icare.

Suiuez, suiuez petit badin
Vostre bon parent Mazarin,
Suiuant Icare & sa follie,
Dancez le branle de sortie.

La dixseptiesme face & dixseptiesme Entrée.

LA dixseptiesme face estoit la citadelle du Havre belle à merueille & si bien representée que chacun pensoit la voir La dance estoit composée du Mazarin & d'vn Capitaine qui tenant des clefs à la main ouuroit la citadelle, d'où l'on vit sortir trois genies, celuy de la guerre, celuy de la paix & celuy de la Religion, qui ayant dansé tous trois de ioye, l'on vit Mazarin leur embrasser la cuisse par respect & leur dire adieu, receuant pour responce l'air qui fut chanté.

Desormais songe mieux à faire ta partie,
Ta fourbe est descouuerte & ton masque est leué,
Suis donc nostre conseil & peur d'estre attrapé
Acheue de danser ton branle de sortie.

La dixhuictiesme face & dixhuictiesme Entrée.

LA dixhuictiesme face estoit la ville de Peronne en Picardie auec toutes ses fortifications, la danse estoit de trois Nymphes qui fuyoient les cheueux espars & toutes pleines de pleurs & de tristesses, l'air portoit,

J'ay le cœur tout amer, cœur tout remply d'amour,
Mais helas sans espoir en sortant de la Cour,
Des plaisirs & douceurs de la caiollerie,
Puis qu'il nous faut danser le branle de sortie.

La dixneufiesme face & dixneufiesme Entrée.

LA face representoit la ville de Paris, la dance estoit d'vne douzaine d'Italiens entre les autres, qui plioient bagage, & rompoient les lettres de Naturalité que Mazarin leur auoit fait sceller pour les rendre capables d'occuper des benefices, & tenir des biens en France, donnant ainsi aux estrangers le pain des enfans de la maison : personnes dignes de foy ayant asseuré qu'en vn seul iour le Maistre des bolieux qui se retire, en auoit expedié & scellé plus de cinquante, quoy qu'il eust refusé des années entieres de sceller celles qui portoient restablissement des Euesques innocens, leur air finissoit ainsi.

Helas malgré les Sceaux & la Chancellerie,
L'on nous a fait dancer le bransle de sortie.

La vingtiesme face & vingtiesme Entrée.

LA 20. Face estoit la Perspectiue du Palais Royal, l'entrée estoit de deux Seigneurs de la Cour qui dançant se treuuerent attaquez d'Artisans auec les instrumens de leurs mestiers, lors qu'vne trouppe d'enfans bleus les vint separer tout en riant & en dançant.

Messieurs retirez vous
Escartez vous d'icy, ne pensez pas qu'on rie,
Messieurs retirez vous,
Mazarin a dancé le bransle de sortie.

La vingt-vniesme face & vingt-vniesme entrée.

LA 21. Face estoit le Ciel, d'où l'on voyoit tomber trois Estoilles, qui font vne partie des armes de Mazarin, & l'autre estoit des soldats qui rompoient les faisseaux, & la hache qui font l'autre partie de ses armes.

Comme l'on voit tomber les Estoilles des Cieux,
Ainsi l'on te vera Mazarin en tous lieux,
Errant & vagabond seruir de raillerie,
Quant tu auras dancé ton bransle de sortie.

La derniere face & derniere entrée.

LA Face estoit l'assemblée des Dieux dans vne grande Salle dorée à merueille.
L'entrée estoit de Mercure distribuant les Arrests des Dieux à ces Postillons plus vistes que les vents pour les aller porter par tout le monde.

Allez par l'Vniuers porter l'Arrest des Dieux,
Que le Ciel a chassé Mazarin de ces lieux,
Ne pouuant voir l'excez de sa fripponnerie,
L'a contraint de dancer le bransle de sortie.

S'en est fait.